自然のあちこちにある
あまみ、さがそう。
COBO Sweets

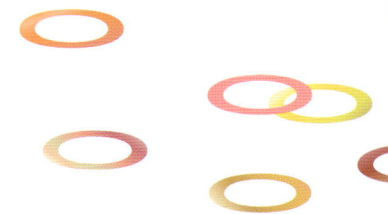

酵母スイーツ

ウエダ家 ＋ 原田めぐみ 著

学陽書房

酵母の色だけ、あまみがある。

野生の植物性乳酸菌、酵母を育てよう。

2007.6.17　BankART1929。
おそらく、だれもみたことがない不思議な空間。
ビンの中身は、生きている。
日本の各地で育てられたくだものや野菜の発酵液。
優れた野生のあまみには、やはり野生の菌がくっついている。
それを、ビンに閉じ込める。
低温の環境に置く。
これだけで、植物性乳酸菌と酵母が、人智を超えて、
すばらしい仕事をしてくれる。
舌の上で余韻となり展開しつづける、あまみ世界。
おなじものは、ひとつとしてない。
くだもの、野菜、ひとつひとつの素材のすべてを
菌が引き出していく。
生きているあまみの出現、
クリエイティブな日々のはじまりだ。
単調なあまみに、さようなら。

PEACH COBO

NASHI COBO

PEAR COBO

GRAPE COBO

TOMATO COBO

YUZU COBO

BLUEBERRY COBO

APPLE COBO

野生の菌が生み出す、あまみエナジー。

KAKI COBO

体をつくるあまみ。
体と脳をうごかすあまみ。
体を守るあまみ。
みんな、入っています。
りんご酵母をくわえるだけで、
にんじんのくさみが消え、あまみの余韻がつづく。
赤ちゃんから、おとなまでどうぞ。

ぶどう酵母をミキシング。味つけもなし。
それだけで、酵母スイーツ。

生きているあまみ。今も、変化しつづけている。
スイーツの枠を超えた。ウエダ家では朝食にも。

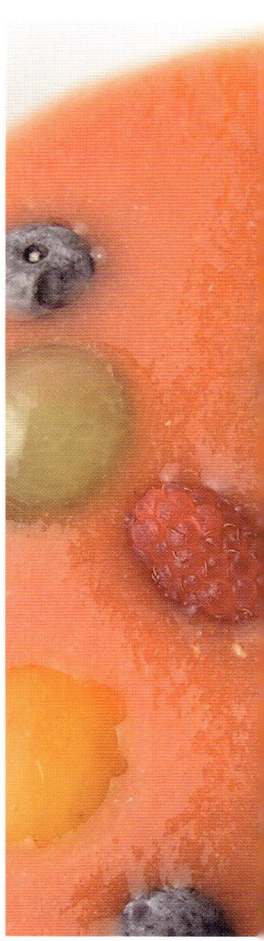

ビンの中で、すこし熟れたトマトは
あまみが増し、舌ざわりもとろり。
りんご酵母をミックスする。
さらに、デリケートにふくらむあまみ世界。
ガスパチョのようなすっぱさはありません。

梨酵母は香りもひかえめ。
花豆の、かくれていたふくよかなあまみを
表に出してくれます。
お砂糖は必要ありません。
熱をいれるといっせいに、
野生の菌たちが活性。

植物性乳酸菌がつくりだす、ヨーグルトとチーズ。
大豆×植物性乳酸菌。
そういえば、お味噌もこの組み合わせによるもの。
ほかにも日本人の体になじみ深い漬け物など、
多くの発酵食品は、植物性乳酸菌がからんでいるという。
いちごやりんご、レモン。フレッシュな果実から育てた
植物性乳酸菌の力がピークに達したとき、
あたらしい私たちの酵母スイーツが生まれる。

OLD　　　　　　　○　　　　　　　NEW

発酵したぶどうとミニトマトをフライに。
サクッ、熱々の衣から口の中へときはなたれる
凝縮したあまみエネルギー。

INDEX

BABY Sweets

p40-41　はじまりのスイーツ。離乳食
p42-43　植物性のヨーグルトをつくろう
　　　　にんじん＋りんご酵母のスープ
p44-45　いろいろ野菜のりんご酵母蒸し
　　　　りんご酵母のおかゆ
p46-47　りんご酵母のフレンチトースト
　　　　かぼちゃと豆腐クリームのお星さま

KIDS Sweets

p50-51　バナナとベリーのりんご酵母スムージー
　　　　いちご酵母のパンケーキ
p52-53　りんご酵母の玄米ワッフル
　　　　トマト酵母のスコーン
p54-55　カラフル酵母白玉
　　　　りんご酵母ごまごまクッキー
p56-57　桃の生ジャム
　　　　フルーツ酵母のいろいろシャーベット

OTONA Sweets

p60-61　里芋のチップス ぶどう酵母ソース
　　　　いちじくのぶどう酵母コンポート
　　　　梨酵母の花豆煮
p62-63　ぶどう酵母とトマト酵母のコロッケ
　　　　シュワシュワぶどう餅
p64-65　レモン酵母の豆腐レアチーズ
　　　　かぶと豆腐の酵母チーズケーキ
p66-67　りんご酵母ナッツ＆ベリーバー
　　　　2色豆パウンドケーキ
p68-69　アップル酵母パイ
p70-71　いちご酵母大福
　　　　かぼちゃのお汁粉
p72-73　かぶの蒸しもの 柿酵母ソース
　　　　柿酵母のゆばミルフィーユ
p74-75　空豆のムース
　　　　パプリカ 2色のディップソース
p76-77　ミニトマトの酵母コンポート ハーブ風味
　　　　ミニトマト酵母とりんご酵母のフルーツガスパチョ
p78-79　4つの酵母の和奏ケーキ
p80-81　酵母サングリア
　　　　酵母グラニータ
p82　　柑橘酵母のソルティーカクテル

・本書で使用している計量の単位は、
　小さじ1＝5cc、大さじ1＝15cc、1カップ＝200ccです。

あまいものがたり

「りんごのあまみは、果樹が子孫を残そうとする
エネルギーのたまものなんです」。
長野は伊那・水野農園の若旦那・コーイチローさんは言う。

すべては、土づくりから始まる。
落葉や下草が朽ちて微生物が分解するのに任せ、
何百年の計を経て豊かに肥えた土。
「木が自力で健康に育つためには、
できるだけ人間が余計な手を加えないこと」。
だから、肥料を使わない。
健康な木ほど病気になりにくく、農薬はほとんど使わなくて済む。
自分は、ほんのちょっと手を貸すだけだ、と。

枝は、山に降った水がりんごの実に流れ込むまでの経路だ。
土に蓄えられた水と養分が、しっかりと幹に蓄えられるように。
実に蜜が入りやすいように。
1年後に実をつける日をイメージしながら、極寒のなか剪定する。
水ぬるむ春、りんごは花芽をつけてあまい香りを放つ。
受粉を手伝い、確実に次の世代に種を伝える。
日差しが強くなるころ、葉にまんべんなく光を当てる。
光合成であまみの元となるソルビトールが果糖に変化して、
果肉の細胞に間断なく入り込み、蜜を成す。

標高が高く寒暖の差が激しい伊那の地は、
自然からの信号をりんごに伝えやすい。
「太陽の光がいっぱいだよ」「これから寒くなるよ」
ひゅるりと流れる一筋の秋風が、実りのときを告げる。

「自然界のサイクルの中で生きているりんごは、酵母の力も強い」。
土から水と養分を吸い上げ、花芽をつけ、受粉し、
実に蜜をためて太り、熟してぽとりと落ち、葉を落とし、分解され、
春にはまた種が芽を出す……。ここでは、つねに菌がはたらいている。
あまいものがたりは1年ごとに、そして永遠につづいていく。

自然界に生きとし生けるもの、
すべてあまい香りに吸い寄せられる

生きものたちは、知っている。
今、何がいちばんあまいのか。
何がいちばんおいしいのか。
何がいちばん必要なのか。

そこには、植物性乳酸菌と酵母。

鳥 … 熟れた柿に我先にダイブ！

蟻 … 自分の体よりおっきなスイカ片を運ぶ。

一生かけて蜜を集める。… 蜂

蜜に惹かれて受粉をお手伝い。… 蝶

春先、顔を出したばかりのタラの芽にメがない。… 熊

ママのおっぱい求めて這い上がる。… 赤ちゃん

旬の素材は、あまいオーラを放っている。

実、皮、芯、葉。
そこには、野生の植物性乳酸菌＋酵母が棲んでいる。

あまいときを逃すな。

tasting!

スイーツな酵母を
育てよう。

○ りんご

1年のうち約半年間食べられる。
水ありで仕込み、
シュワシュワと発酵。
くせがなく色もやさしげ。
もっともポピュラーかつ
自然なあまみで、
料理、スイーツ、ドリンク、
お酢と多方面に活躍。

○ いちご

真っ赤でキュートな色が
スイーツを可憐に彩る。
キュンとしたあまみは
みんなが大好きな味。
水なしで仕込む場合は
ちょっとつぶして、
ソースや生ジャム、
COBOヨーグルトに。

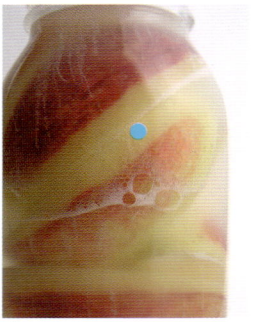

○ ぶどう

秋のあまみの王様。
代表的な単糖のひとつで
脳の栄養源でもある。
すっきりした酸味と
芳醇なあまみが特徴。
水なしなら皮ごとつぶして
濃厚なソースに。
水ありならそのまま飲んでも。

○ 梨

植物性乳酸菌が豊富で
すっきりした味わい。
約1cmの角切りで、水は梨が
かぶる程度に。爆発的な発酵力
を誇る。うまみもたっぷり
なので、だしに使うのも通。
あまさは控えめで、
ほかの素材を引き立たせる。

● 水を入れる酵母

○ 水を入れない酵母

柿

水なし発酵の柿酵母があれば
我が家に砂糖は不要になる。
それ自体が最高にあまく、
また、ほかの素材に
まろやかなあまみを与える。
真っ赤に熟した柿は
じつは皮の中で
発酵が始まっている。

柚子

冬の味覚、香りの代表。
爽やかで雅な香りが
食欲をそそる。
皮のほろ苦さを残した
大人の味わいは、
スイーツに上品な
花を添える。皮をむいて
水ありで仕込む。

ブルーベリー

少しつぶして
水を入れて仕込む。
ビビッドな紫が
スイーツを鮮やかに彩り
甘酸っぱい香りに
胃が活発に動いてくる。
ペクチン状になるので
ソースやジャムに最適。

洋梨

水あり、水なしともに
発酵させると
香りと味がさらに
ゴージャスさを増す!
素材ごとトロトロにして
エキスを一口ぺろり。
これまでにないような
リッチなあまみを味わえる。

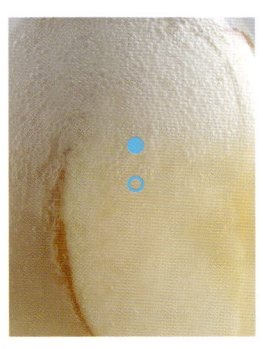

桃

はっと目が覚めるような
馥郁たる香り。
うっとりするくらいに
あまみが強いので、
どんなスイーツにしても
満足できるはず。
ほんのり桃色。
皮をむいて水なしで。

トマト

野菜ながら糖度たっぷり、
水あり、水なし両方で
発酵させることができる。
ビビッドな色と
ほどよい酸味が
スイーツの色彩と
風味に新しい
可能性を広げる。

育て方は、2通りあります。

How To COBO-1

水を入れない場合

旬の素材をビンに仕込んでフタをする。冷蔵庫に入れること、3〜7日間。
さらに冷蔵庫から常温に出して約2日目。プチプチ泡が立ってたら、
もうスイーツ。それは、野生の植物性乳酸菌・酵母が育ったしるし。

How
To
COBO-2

水を入れる場合

旬の素材と水をビンに仕込んでフタをする。冷蔵庫に入れること、3〜7日間。さらに冷蔵庫から常温に出して4〜5日目。シュワシュワ活発な泡が立ってきたら、うまみのあるスイーツ。それは、野生の酵母が増殖している合図。

● はじめに、低温で
　植物性乳酸菌を育てよう。

　　　　　低温、無酸素状態でも生きられる植物性乳酸菌は、
　　　　　まさにサバイバル体質の微生物だ。
　　　　　酸にも強く、無酸素状態の腸の中でも生き延びる。
　　　　　ヨーグルトなどの動物性乳酸菌より生命力がある。
　　　　　消化吸収能力や免疫力を高めてくれたりもする。
　　　　　3〜7℃の冷蔵庫内、ビンの中は酸素もないので
　　　　　カビや雑菌は死滅。
　　　　　その間、ちょっとのあまみをエサにして、
　　　　　植物性乳酸菌は増え続ける。

● 次に、常温で
　酵母を育てよう。

　　　　　私たちの体に必要な栄養素を多分に含む、酵母。
　　　　　主成分はタンパク質で、ビタミンB群、
　　　　　各種ミネラルが豊富。
　　　　　20〜25℃の常温で活発に活動し、
　　　　　糖分を分解してうまみの元となるアミノ酸を生み出し、
　　　　　アルコールと炭酸ガスを吐き出す。
　　　　　スイーツに使うなら、ほとんどが常温1〜2日目、
　　　　　うまみが融合した複雑なあまみのときを見逃さずに。

ビンの中でのいのちのリレー

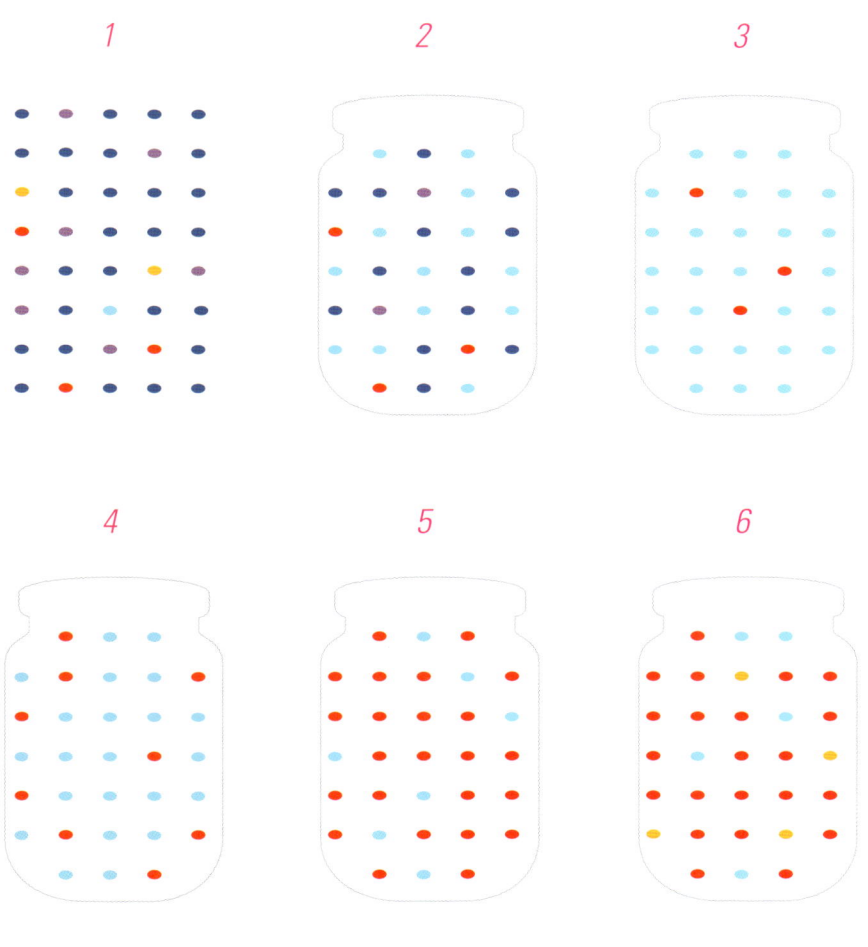

● 植物性乳酸菌　● 酵母　● 酢酸菌　● カビ　● バクテリア

How To COBO -1

○ いちご
○ 柿
○ ぶどう
○ 洋梨
○ 桃
○ トマト

水を入れない育て方

濃厚なソースとして贅沢な味を楽しみたいとき。
あまみの元として砂糖代わりに使いたいとき。
ぶどうや柿、いちご、桃など、
水分と糖分の多い素材を仕込むとき。
素材のあまさを最大限活かしたいとき。

ビンにつめる

沸騰したお湯の中にビンを
入れて2〜3分間煮沸消毒し、
自然乾燥させる。
このとき、ビンやフタの
内側に水分を残さないこと。
旬の素材の表面はさっと
水洗いし、軽く水きりする。
枝やヘタには雑菌が
多いので、取り除く。

つぶす

いちご、ぶどうは、皮のまま
ビンに入れて適度にすりこぎ
などでつぶす（ぶどうなど、
丸のまま食べたい場合は
つぶさなくても可）。
柿、トマトは皮つきのまま
ざく切りにして、ビンに入れる。
桃は皮をむいて小さく角切りに
して、変色を避けるために
レモン汁を少し入れる。
ビンのフタは、きっちり
閉める。

冷蔵庫に入れる

ビンごと冷蔵庫に入れて
3〜7日間ストック。
この間、ビンのフタを
開けない。空気がないと
生きられない雑菌や
低温に弱い雑菌を抑える。
乳酸菌が残った雑菌を
完全に死滅させる。
低温に強い植物性乳酸菌
が増殖する。

用意するもの

旬のフルーツまたは野菜
フタつきのガラスビン
（密閉性が高いスクリュータイプのもの）

使いどき *tasting - 1*

丸のまま仕込んだもの

つぶして仕込んだもの

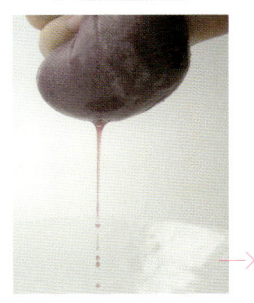

常温にもどす

常温にもどして約2日過ぎると、素材から水分が染み出し、色もわずかに変化。
皮や液の表面に小さく細かい泡がまとわりついてきたら、酵母が育ちはじめた証だ。
はじめてフタを開ける。
微かにシュワッと音がする。
丸のままの場合、手で押してやわらかく、強い香りがするまで、ビンに入れて置く。
最高にあまくておいしい。

ミキシング、絞る、漉す

常温にもどして3日目以降、発酵が進むと酵母が増える。素材が熟して形が変わる。アルコールの熟成した香りが強くたつようになる。素材を皮ごとミキシングして裏漉しし、エキスのみを取り出して使う。

＊皮つきで大粒の巨峰など、素材によっては発酵に時間がかかるものもある。

冷蔵庫に保存

フレッシュなぶどうの香りと発酵した香りが入り交じったあまみがおいしい。
残ったエキス、あるいはすぐ使わないエキスは、すぐ冷蔵庫に保存。
ゆっくりした発酵により、あまみにうまみが加わり、香りとコクがさらに増していく。

33

How To COBO -2

○ りんご	○ ぶどう
○ いちご	○ 梨
○ 柿	○ 洋梨
○ 柚子	○ トマト
○ ブルーベリー	

水を入れる育て方

発酵ジュースをそのまま飲みたいとき。
スープやゼリーなど、量をたくさん使うとき。
りんごや梨などの固めの素材を仕込むとき。
あまさを控えめにしたいとき。

使いどき *tasting - 1*

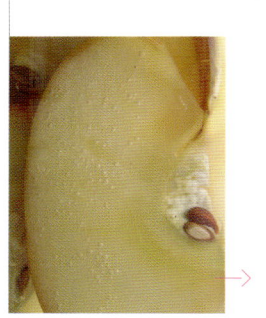

ビンにつめる

沸騰したお湯の中に
ビンを入れて
2～3分間煮沸消毒し、
自然乾燥させる。
旬の素材を
適当な大きさに切って
ビンにたっぷり詰め、
水をあふれるくらいに
そそいで空気を遮断。
フタをしっかり閉めて
完全に密閉する。

冷蔵庫に入れる

仕込んだらすぐに
冷蔵庫へしまう。
3～7日間は気になっても
フタを開けないこと。
この間、嫌気性の
植物性乳酸菌が
ビンの中に残った
雑菌を退治。
低温に強い乳酸菌が
着々と育っている。

常温にもどす

常温に出してもすぐに
フタを開けないこと。
素材の表面に気泡が見える
約2日後、フタを開けたときに
ちょっとだけ「シュワッ」と
小さな音をたてるころは、
植物性乳酸菌と酵母が拮抗し、
乳酸菌独特の甘酸っぱい
香りがする。泡は細かく、小さい。
素材のあまみと植物性乳酸菌の
酸味、酵母のうまみが同居する、
まさにスイーツの使いどき！
味見をして確認を。

用意するもの

旬のフルーツまたは野菜
フタつきのガラスビン
（密閉性が高いスクリュータイプのもの）
水（ペットボトルの水よりは勢いよく流れる水。水道水でも可

使いどき *tasting - 2*

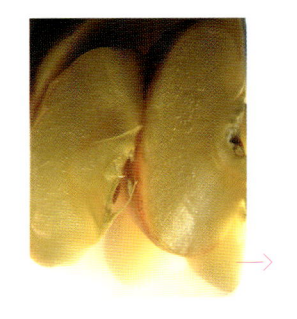

シュワシュワさせる

常温に出して2〜5日
（季節で異なる）、
ビンからあふれるほど
シュワシュワすれば、
酵母がもっとも
元気に働いている証拠。
発酵力の強いものは
パウンドケーキや
クラッカー、
パンに使える。
アルコールと
炭酸ガスが発生し、
うまみが最高潮の状態。

冷蔵庫に保存

酵母のおいしさを
できるだけ長く
味わうために、
シュワシュワしたら
ビンごと冷蔵庫でストック。
冷蔵庫の中でゆっくり
熟成されるので、
柔和なうまみに変化。
シュワシュワは落ち着く。
使いたいときに冷蔵庫から
出し、常温に置いて
味をチェック。
酵母料理に最適。

お酢にする

酵母の生み出した
アルコールをエサにして
酢酸菌が育つ。
素材を取り出してから
冷蔵庫内で
長く熟成させるほど
まろやかなお酢になる。
夏場は常温に
長く置いておくと
すぐ酢酸発酵してしまう。

What is COBO?

生きた菌が入ったビンの世界を、COBOという。
それは、自然界のメカニズムそのもの。野生の植物性乳酸菌と酵母、酢酸菌がはたらいています。
あなたは、なるべく健康なくだものや野菜を選び、ビンに（ときに水も）入れ、フタをするだけ。
これは、自然界の無数にいる菌の中で、人とともに暮らすことができる菌をえらぶ
簡単なしかけ。あとは冷蔵庫に入れ、低温の環境におく。
味わうと、あまい。体験したことのない、多様なあまみが展開します。
五感をはたらかせて、今だ、とひらめく瞬間を。
COBOは、そのままでスイーツ。体にやさしい日々のごはんになり、パンになるエナジー。
菌と菌、菌とくだもの、菌と人。そして、菌とかかわった人と人。
すべての関係性のはじまりが、COBO。ここにあります。

酵母スイーツの誕生

『酵母ごはん』（ウエダ家著）に掲載されている、おいもとりんごのCOBOマフィン。
COBO NETメンバーの原田めぐみさんがつくったスイーツが、はじまりでした。
オートマタ（ヨーロッパのからくり人形）創作家である伴侶が大のあまいもの好き。
ならば、野生の菌がはたらく体によいものを、と奮起しためぐみさん。
つぎつぎと個性ゆたかな酵母スイーツが、ウエダ家に届きました。
COBO NETのHP「縁側」に「酵母スイーツ」制作のプロセスを公開していますが、
撮影したスイーツがたくさんの人の目にふれ、刺激となり、
オリジナルレシピがさかんに交換されました。
COBO NETメンバーの谷川まりさん、菅原真代さん、大木美智子さん、北原まどかさん。
野生の菌との対話からうまれた作品たちは、本書にも掲載されています。

お砂糖を使わないでスイーツ？　菌だけの力で、あまくなるの？
スタート当初は、周囲も、じつはウエダ家自身も半信半疑。
それでも試作をかさねるうちに、自然界の植物性乳酸菌と酵母の想像を超えた力によって、
素材が、もともとの素材を超えたあまみを放ち、ビンの中から外へ、
あたらしい世界をみせてくれました。体にやさしいあまみを体で記憶する。
お子さんがいれば、離乳食の段階からとることがおすすめですね。
酵母スイーツはこれからも、さらにあまくおいしく育っていくでしょう。
野生の菌たちといっしょに。

SAFETY COBO

安心してスイーツづくりができる
COBOを育てるために

＊ウエダ家の育てかたで、
COBOの安全性が証明されました。
冷蔵した状態の梨酵母、りんご酵母、
柚子酵母、しょうが酵母、乳COBO88、
常温のローズマリー酵母、お米の酵母液を
大阪府立園芸高等学校微生物技術科の
山下昭教諭に走査電子顕微鏡で
観察してもらったところ、
発酵開始後3日目以降の酵母液の中には
植物性乳酸菌と酵母以外の雑菌の生息は
確認されず、安全性が確認されました。
時折、酵母液の表層に白い膜のような
ものが張ることがありますが、
これは、産膜といって酵母の塊である
ことがわかりました。
安全性には問題がありませんが、
発酵が進みすぎて
味が落ちることがあるので
早めに取り除くことをおすすめします。

＊酵母は、必ずウエダ家の方法に
したがって育ててください。
また、育てた酵母については
利用時の体調などにそれぞれ
個人差があるため、様子をみながら
ご自分の責任でご利用ください。
本書の内容でトラブルが発生しても、
著者、出版社が責任を負うことは
できません。ご了承ください。

◎必ず煮沸消毒をすること
ビンの内側に雑菌が残っていると、
雑味のもとになってしまう可能性が。
いくら植物性乳酸菌が雑菌を退治してくれる
といっても、ビンが汚ければ話にならない。
沸騰したお湯の中に入れ、2〜3分。
ビンのフタのコンパウンドは
（フタの裏側にあるゴム製の部分）、
黒カビがつきやすいので要注意。

◎完璧に密閉できるビンを選ぶこと
発酵がうまくいかない場合、
ビンの中に空気が入って
雑菌が繁殖することが原因となる場合が多い。
たとえば、プラスチックのフタ、
ジャム用のビン、バネ式のビンなどは
わずかな隙間から雑菌が混入する可能性大。
ビンの中を完璧に密閉できる
スクリュータイプのフタを選ぼう。

◎イヤな匂いがしたら危険信号
乳酸菌や酵母が、食物に含まれるあまみを
食べて消化し、乳酸やアルコール、炭酸ガス、
アミノ酸など、人間の体に有用にはたらくものに
変えてくれるプロセスを「発酵」という。
逆に、乳酸菌や酵母がはたらかず、それ以外の
カビや雑菌等、人間の体に有用でないものが
繁殖してしまうのが「腐敗」。腐敗すれば、
不快な臭いがするはず。

◎捨てる勇気を持とう
酵母液が納豆のようにねっとりと
糸を引いている場合、ほかの菌を
死滅させるロープ菌がはたらいている
可能性が。この場合は残念ながら
酵母液は使えない。
また、カビが生えた場合も使用はNG。
フワフワとけば立った白カビ、
空気にふれた素材の上にちょこんと
のっかった黒カビ、青カビなどを
発見したら、思い切って捨てよう。

RICE MILK
飲めば命がうるおう、「お米のミルク」。
蒸した米をつぶし、水を入れて1週間ほど低温発酵。
極限まで植物性乳酸菌が活性し、
野生の菌のエネルギーがほとばしる。

BABY Sweets

母乳は、理想的なスイーツです。
産まれたばかりの赤ちゃんは、お母さんのおっぱいを求めて
這い上がり、はじめてのお乳を口に含みます。
うんち、おしっこ、おっぱい。
このシンプルなサイクルがうまくいくことが、
この時期の母と子にとって、なによりのしあわせ。
赤ちゃんが家族とおなじものを食べたい、と手をのばしはじめたら、
離乳食スタートのサイン。お母さんはうれしくて、
でも「なにを食べさせたらいいんだろう」と不安でいっぱい。
赤ちゃんといっしょに、酵母スイーツとりましょう。
冷蔵庫で低温発酵させた、あわくやさしいあまみを、ひとさじ。
赤ちゃんのようすをみて、また、ひとさじ。
おっぱいに通じる天然のあまみは安心感をあたえ、
くだものや野菜のフレッシュな香りと風味は、
あたらしいよろこびを生むでしょう。
出産後、体はまだ疲れていても、めまぐるしい日々。
酵母スイーツはシンプルにいただいても、想像を超えてすばらしい。
おっぱいがよく出るようになった、という声もあります。

はじまりのスイーツ。離乳食

離乳食とは、身の回りの食材をひとつずつ赤ちゃんに
味見（テイスティング）してもらうための赤ちゃん食のこと。
「離乳」というよりは、豊かな食世界の扉を開く
「導入」食といったほうがいいかもしれません。
離乳食には、大切な条件が3つあります。
第1に、赤ちゃんが楽しめる食事であること。
第2に、赤ちゃんの体にやさしく、害がないこと。
第3に、滋養となって赤ちゃんの体を元気に育てるものであることです。
そもそもこの時期まで、この3つの条件をらくらくクリアしてきた
ものは、ほのかにあまくておいしいお母さんのおっぱいでした。
赤ちゃんが大好きな母乳は、おなかにやさしく、
体に必要な栄養・水分だけでなく、
整腸作用や病気から身を守る作用などがあり、
生後半年ぐらいまでの乳児にとって理想的な完全食です。
けれども、やがて赤ちゃんに、母乳をつづけながらも、
別の食の楽しみをみつけるときがやってきます。
その時期は赤ちゃんによってまちまちですが、生後半年を
過ぎたあたりでしょうか。旺盛な好奇心と体の欲求に
誘われるのか、それとも、大好きな人々との食卓の輪に入るうれしさ、
同じことをする誇らしげな喜びを求めてなのか、
食事を楽しむ私たちを赤ちゃんが見つめて
「おいしそうだなぁ」という表情を見せたり、手を伸ばしてとって
口に運ぼうとしたりしたら「そのとき」です。

野菜、くだもの、穀類などから、新しい「食」へと
赤ちゃんをいざなうタイミングがやってくるのです。
体に吸収しやすい糖類、アミノ酸、ビタミン、ミネラルなど
滋養に富み、腸の酸度を上げて雑菌の繁殖を抑えるような
整腸作用のある酵母食は、赤ちゃんのいる家庭の食卓にもぴったり。
牧畜よりは農耕民族を祖先にもち、腸の長い日本人には、
植物性乳酸菌と酵母で食材のうまみもあまみも増した食事が
腸の強い味方でもあります。
まだ歯がぽつぽつあるだけで、胃腸も未熟な赤ちゃんには、
食卓のおいしいお料理を液状のものからひとさじ
味見(テイスティング)してもらうのがベスト。
赤ちゃんのおなかをはじめ、体全体の調子と相談しながら、
量ややわらかさを加減し、素材を選んでいきます。
赤ちゃんは食材の持ち味に素直に反応して、
好きも嫌いもダイレクトに体全体で教えてくれるでしょう。
体の欲するものをおいしいと感じ、
おいしいと感ずるものを求めていく純粋な赤ちゃんの舌は、
新しい「食」をていねいにひとつひとつ学び、
覚えて楽しんでいくに違いありません。

バース・エデュケーター　戸田りつ子

植物性のヨーグルトをつくろう

豆乳いちご酵母ヨーグルト （月齢6、7ヵ月～）

いちご酵母と豆乳をミックスするだけ
菌が生きてる植物性ヨーグルト

材料（つくりやすい分量）
いちご酵母（実と液）…大さじ3
豆乳…1/4カップ

つくりかた
1　小さな容器に豆乳といちご酵母を入れて、よく混ぜる。
2　冷蔵庫に1日おく。プルンと固まればできあがり。

＊いちご酵母は水なしで育て、冷蔵庫から常温に出して
　2～3日目頃の泡が立ち始めたものを使う。
＊いちご酵母のほかに、りんご酵母、柑橘酵母などでも、
　おいしいヨーグルトがつくれます。

にんじん＋りんご酵母のスープ （月齢 8ヵ月〜）

するりとおなかに染み込む
小さな命を支えるスープ

材料（つくりやすい分量）
りんご酵母液…1カップ
にんじん…1/2本

つくりかた
1　にんじんは、皮ごとうす切りにする。
2　鍋に1のにんじんを入れ、水をひたひたに加える。
　　やわらかくなるまで煮る。
3　2のにんじんの粗熱がとれたら、
　　ミキサーやフードプロセッサーなどにかけてなめらかにする。
4　3にりんご酵母液を加え、よく混ぜる。
＊りんご酵母液は、冷蔵庫から常温に出して3〜4日目頃のあまいものを使う。

いろいろ野菜の
りんご酵母蒸し（月齢9ヵ月〜）

りんご酵母の力で野菜好きに
素材のくせが消え、あまみが出る

材料（つくりやすい分量）
- りんご酵母液…1/2カップ
- さつまいも…10g
- にんじん…10g
- キャベツ…10g
- 玉ねぎ…10g

つくりかた
1. さつまいもとにんじんは皮をむき、5mm角に切る。ほかの野菜もそれぞれ5mm角に切る。
2. 蒸し器に深めの皿をおき、まずにんじんを入れ、りんご酵母液をそそいで12〜13分蒸し煮する。
3. 残りの野菜を加えて、さらに10分程度蒸し煮する。

りんご酵母のおかゆ （月齢 8ヵ月～）

酵母でお米をやわらかく分解
赤ちゃんの消化をたすける

材料（つくりやすい分量）
りんご酵母液…1＋1/2カップ
炊いたごはん…大さじ2～3

つくりかた
1　小さな鍋に炊いたごはんとりんご酵母液を入れて、やわらかくなるまで煮る。
2　6～7ヵ月の赤ちゃんには、つぶつぶがなくなるまでよくすりつぶす。

mother & child

りんご酵母のフレンチトースト （月齢 12ヵ月～）

酵母と豆乳に浸してパリッと焼きます
消化にやさしい朝食やおやつに

材料（親子2人分）
りんご酵母液…1カップ
豆乳…1/2カップ
バゲット
…1cm幅にスライスしたもの3～4枚
オリーブオイル…適宜
メープルシロップ…適宜
シナモンパウダー…適宜

つくりかた
1　バゲットを一口大に切る（子ども用には
　　バゲットの耳の固い部分をカットしておく）。
2　ボウルにりんご酵母液と豆乳を入れ、
　　1のバゲットをよくひたす。
3　オリーブオイルを塗ったオーブンシートの上に
　　2をならべ、200℃で表面がカリッと
　　きつね色になるまで焼く。
4　お好みでメープルシロップ、シナモンパウダーを
　　トッピングする。
＊りんご酵母液は、冷蔵庫から常温に出して3～4日目頃の
　あまいものを使う。

かぼちゃと豆腐クリームのお星さま （月齢 9ヶ月〜）

ケーキみたいな満足感
りんご酵母と味噌のうまみが効いてます

材料（2個分）
かぼちゃ…20g（正味）
豆腐クリーム＊…小さじ2

つくりかた
1　皮をむいたかぼちゃを
　　やわらかくなるまで蒸し、
　　つぶしておく。
2　星形の型にかぼちゃを詰めて、
　　上から豆腐クリームをのせる。
3　型を静かに抜く。

＊ 豆腐クリーム（月齢 8ヵ月〜）

材料（つくりやすい分量：できあがりの量＝約250g）
りんご酵母液…大さじ4
木綿豆腐…1丁
味噌…1カップ

つくりかた
1　豆腐はよく水きりしておく。
2　味噌とりんご酵母液を混ぜる。
3　1の豆腐を、さらし布やガーゼで包む。
　　すべての面に2の味噌を塗りつける。
4　容器に3の味噌を塗った豆腐を入れ、フタをして、
　　冷蔵庫で1〜4日間ねかせる。
5　ねかせた4の豆腐の布と味噌を取りのぞき、
　　すり鉢やフードプロセッサーなどで
　　なめらかなクリーム状にする。

＊赤ちゃんや子どもには、1日ねかせたものを使う。大人には、
　3〜4日程度ねかせたものがおいしい。豆腐クリームは1丁分作り
　おきし、豆腐の野菜しらあえや、ほかのスイーツに使うと便利。
＊取りのぞいた味噌は、そのままみそ汁などに使う。

水を入れて仕込んだ発酵液は、自然なあまみ、うまみのある炭酸ジュース。
野生の植物性乳酸菌、酵母が生きています。
消化吸収の作用があり、便秘しがちな子どもや女性にとっては、朝すっきり。

KIDS
Sweets

食卓はみんな一緒がいい。わかっていても
とくに忙しい朝、毎日そううまくはいきません。
たしかに朝食抜きでは午前中の集中力もなくなります。
起き抜けに、子どもがお菓子や炭酸飲料をほしがって困る、
という声も聞きますが、それはワガママだけではなさそう。
子どももおとなも、朝は体や脳が糖分を求めるようです。

子どもといっしょに、酵母スイーツをつくりましょう。
はじめはいぶかしげにみていた子も、きっと夢中になるはず。
このシュワシュワとわきたつ、目にみえない生命力。香り。
口にしたときはじめて感じる、天然のあまみの世界。
あとからあとから展開する、いろいろな風味の変化、
舌にのこる余韻、すっきりとした気分や
不思議とみちたりた気持ち。
ビンの中で、ちいさな生き物を飼うように観察し
変化を楽しんでいるうちに、子どもの味覚、
そして、親の感覚さえ磨かれていきます。
スイーツにあたりまえに使われていた卵、お砂糖、動物性油脂も
気づいたら、いらなくなっていた。
1日のはじまりに、体めざめる酵母スイーツを。
子どもが寝たあとの、お母さんのひそやかな楽しみにも。

バナナとベリーの
りんご酵母スムージー

起き抜けに、疲れたときに
シュワッと冷たいエナジードリンク

材料（2人分）
りんご酵母液…1/2カップ
豆乳…1/2カップ
バナナ…1本
ラズベリー（またはいちご）…3/4カップ

つくりかた
1　バナナはうすくスライスし、保存袋などに入れて冷凍する。
2　1のバナナ、りんご酵母液、豆乳を一緒にミキサーにかける。
3　2にラズベリーを加え、さらになめらかになるまでミキシングする。

いちご酵母のパンケーキ

いちご酵母の力でふっくら
子どもと一緒に焼いて、楽しんで

材料（2〜3人分）

◎パンケーキ
　いちご酵母液…3/4カップ
　薄力粉…100g
　塩…少々
　菜種油…少々
　いちご（生）…3粒

◎いちごジャム
　いちご酵母の実…1カップ
　てんさい糖…大さじ1
　レモン汁…大さじ1

つくりかた

1　いちごジャムをつくる。小さな鍋にいちご酵母の実を入れ、てんさい糖を加えて煮つめる。最後にレモン汁を加えて、トロリとしたら火を止める。
2　薄力粉はふるっておく。その中に塩といちご酵母液を加え、よく混ぜる。
3　熱したフライパンに菜種油をうすく塗る。丸型のセルクルをおいて、その中に2をうすく流し入れ、弱火で焼く。同じように5枚焼く。
4　3のパンケーキに1のいちごジャムを塗り、同様に交互に重ねて、最後にカットしたいちごを飾る。

りんご酵母の玄米ワッフル

ほんのりあまいライスプディングを
ふんわりワッフルでくるむ

材料（4枚分）
りんご酵母の玄米ライスプディング＊…1カップ
地粉…3/4〜1カップ
菜種油…適宜

つくりかた
1　ボウルにりんご酵母の玄米ライスプディングと
　　地粉を入れ、ゴムべらでよく混ぜる。
　　もったりと固めの生地にする。
2　よく熱して菜種油をひいたワッフルメーカーで、
　　1を両面こんがりと焼く。

＊ワッフルメーカーがない場合は、フライパンで焼けば、
　パンケーキ風の仕上がりがたのしめる。

＊りんご酵母の玄米ライスプディング

材料（4人分）
A
　りんご酵母液…1カップ
　りんご酵母の実…約50g
　りんごジュース…1カップ
　水…1/2カップ
　塩…ひとつまみ
　バニラビーンズ…2cm分
玄米…1/2カップ
塩…小さじ1/4
ココナッツフレーク・かぼちゃの種など
（トッピング用）…適宜

つくりかた
1　玄米は水でやさしく洗い、ザルにあげて
　　よく水をきっておく。りんご酵母の
　　実は、うすいイチョウ切りにする。
2　土鍋またはステンレスの鍋で玄米を炒る。
　　弱火で焦げつかないように、
　　木べらを使ってかき混ぜるように炒る。
3　玄米が白っぽくなり、1〜2個はぜて
　　きたら、Aを加える。バニラビーンズは、
　　タテ半分に切り、中身をサヤから
　　しごいて、サヤといっしょに鍋に入れる。
4　1時間〜1時間半ほど煮て、おかゆ状に
　　なったら、味をみながら塩を入れ、
　　火を止める。
　　バニラビーンズのサヤは取り出す。
5　常温まで冷めたら、密閉容器などに
　　移して冷蔵庫で冷やす。
6　器に盛りつけ、好みでココナッツフレークや
　　かぼちゃの種を散らしていただく。

**セヴァン・カリス＝スズキ
ナマケモノ倶楽部編/訳**

あなたが世界を変える日

**12歳の少女が
環境サミットで語った伝説のスピーチ**

この星をこれ以上、こわさないで。

世界中を感動させた12歳の少女の環境サミットでの「伝説のスピーチ」が、カラフルな絵本になりました！ 坂本龍一さん・落合恵子さんも絶賛！「ひとりの子どもの力が世界を変えることもあるんだよ」と、すべての子どもに手渡したい一冊です。ISBN978-4-313-81206-2 ●定価1050円

中村純子　　　　　　　　　　　　　自然のめぐみをからだにもらおう

自然素材で手づくり！
メイク＆基礎化粧品

コーンスターチでつくるファンデーションから、口紅やグロス、アイシャドー、せっけん、化粧水、クリームまで、自然な素材で自分の肌に合う安全なメイク＆基礎化粧品が楽しくつくれる簡単レシピ集。自然素材を使った赤ちゃんのスキンケアレシピも好評！
ISBN978-4-313-88046-7 ●定価1470円

中村純子　　　　　　　　　　　　　　　アロマで楽しむ！

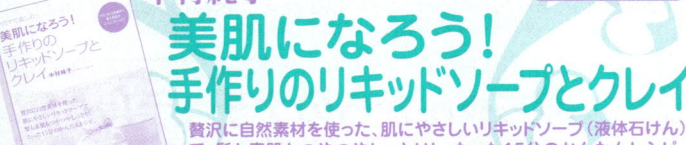

美肌になろう！
手作りのリキッドソープとクレイ

贅沢に自然素材を使った、肌にやさしいリキッドソープ（液体石けん）で、髪も素肌もつやつやしっとり！ たった15分のかんたんレシピ。ニキビや美白にばつぐんの効果のクレイ（スキンケア用の粘土）のエステレシピも満載！ おうちに一冊キープしたい美肌のための一冊！ISBN978-4-313-88047-4 ●定価1470円

ウエダ家 北原まどか 文
暮らしにしみ入るおいしさ
酵母ごはん
旬の果物や野菜、ハーブなどをビンに詰めるだけで誰でも簡単に育てられる酵母。そのまま飲めるサイダーみたいなシュワシュワ酵母液、スープ、炊き込みご飯、蒸し物、パンなどの各種メニューからスイーツ、おせち料理まで、おいしくて体にやさしい簡単レシピが満載！ISBN978-4-313-87110-6 ●定価1680円

ウエダ家 北原まどか 文
野生酵母でつくるレシピ
新しいごはん
化学調味料の強烈な味とは異なり、体にやさしい自然の味わいを育てて楽しむ生きたた調味料として注目の野生酵母。五感に響く自然の「うまみ」「あまみ」が、想像を越えたおいしさを生み出し、毎日の食卓を感動的に変えてくれます。マクロビオティックとも相性抜群！ISBN978-4-313-87117-5 ●定価1680円

和田直久 コンテナで簡単にできるスプラウトから伝統野菜栽培まで
無農薬キッチンガーデン
ベランダなどの狭い場所でも育てやすいコンテナ栽培を中心に、初心者や子どもでも取り組める野菜の栽培法や基礎知識、簡単な生ゴミ堆肥作りのコツなど無農薬にこだわったキッチンガーデニングのノウハウを満載。庭がなくてもワクワクする野菜づくりが楽しめます！ISBN978-4-313-87131-1 ●定価1575円

岡本正子 子どもがよろこぶ！取り分け離乳食、食育ごはん、ナチュラルおやつ
子どもが元気に育つ毎日の簡単ごはん
矢島助産院ウィメンズサロンで育まれてきた"岡本レシピ"が、忙しい毎日の子どものごはん作りを、応援します！ 野菜たっぷりの和食を中心に、ごくごく身近な食材を使って毎日作ることが負担にならない、簡単でおいしいレシピとポイントを盛りだくさんにご紹介。ISBN978-4-313-87114-4 ●定価1575円

境野米子
自然の恵みをおいしく食べる食育レシピ
こどもに食べさせたいごはんと野菜
穀物と野菜を中心に、豆や乾物、海藻などをシンプルに組み合わせ、日本人の味覚や体質に合ったやさしい味つけのレシピは毎日役立つものばかり。大地の恵みと旬の素材をまるごと食べる簡単ごはんと野菜のおかずは、こどもはもちろん家族みんなを元気にしてくれます。ISBN978-4-313-87115-1 ●定価1680円

福島麻紀子
自然素材とアロマで手づくり！
赤ちゃんからのナチュラルケア
赤ちゃん・子どもに安心のレシピがいっぱい！ ベビーマッサージや、自然素材で作れる虫さされ防止スプレー、日焼け防止クリームなど、子どものスキンケア・ヘルスケアが簡単にできる本。ママも楽しめる自然素材のコスメや家事まで、カラー頁が楽しい70レシピ！ISBN978-4-313-87101-4 ●定価1470円

大谷ゆみこ

砂糖、卵、乳製品なしがおいしい100％ナチュラルレシピ

つぶつぶ雑穀粉で作るスイーツとパン

雑穀粉があれば、いつものおやつやパンが大変身。ミルキーなヒエ粉カスタードで作るプディング、スフレ、雑穀粉が香ばしいタルト、パイ、しっとりコクのある雑穀パンいろいろ……。体にやさしい、安心の甘さやおいしさで、甘いものへの我慢や不安ともさようなら！
ISBN978-4-313-87119-9 ●定価1575円

大谷ゆみこ

野菜＋雑穀で作る簡単おいしいナチュラルレシピ

つぶつぶ雑穀スープ

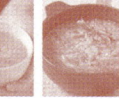

ヒエ、キビ、アワ、高キビ……人気食材、エコ食材の雑穀と身近な野菜を組み合わせ、手軽な一鍋クッキングで驚くような自然のうま味と栄養がつまった簡単シンプルの雑穀つぶつぶスープ。大地のエネルギーに満ちた体も心もぐんぐん元気になるスープレシピがいっぱい！
ISBN978-4-313-87112-0 ●定価1575円

大谷ゆみこ

甘さがおいしい驚きの簡単スイーツレシピ

つぶつぶ雑穀甘酒スイーツ

あまりご飯で簡単にできる繊維とミネラルたっぷりの甘味料「つぶつぶ甘酒」を使って楽しむNOアルコール、NOシュガーの植物性素材100％スイーツ！　各種和洋菓子からアイスクリームまで作れて、ダイエット中の人、アトピーに悩む人には、とくにオススメのレシピ集。
ISBN978-4-313-87113-7 ●定価1575円

大谷ゆみこ

野菜と雑穀がおいしい！簡単炊き込みごはんと絶品おかず

つぶつぶ雑穀ごちそうごはん

炊飯器にいつものごはんと雑穀、野菜を入れて、スイッチ・ポン！　そのままメインディッシュになる新感覚の炊き込みごはんと、炊き込みごはんを活用して作る簡単おかずは、自然の恵みとうま味がぎっしり。ふっくら栄養たっぷりのレシピは、感動的なおいしさです。
ISBN978-4-313-87118-2 ●定価1575円

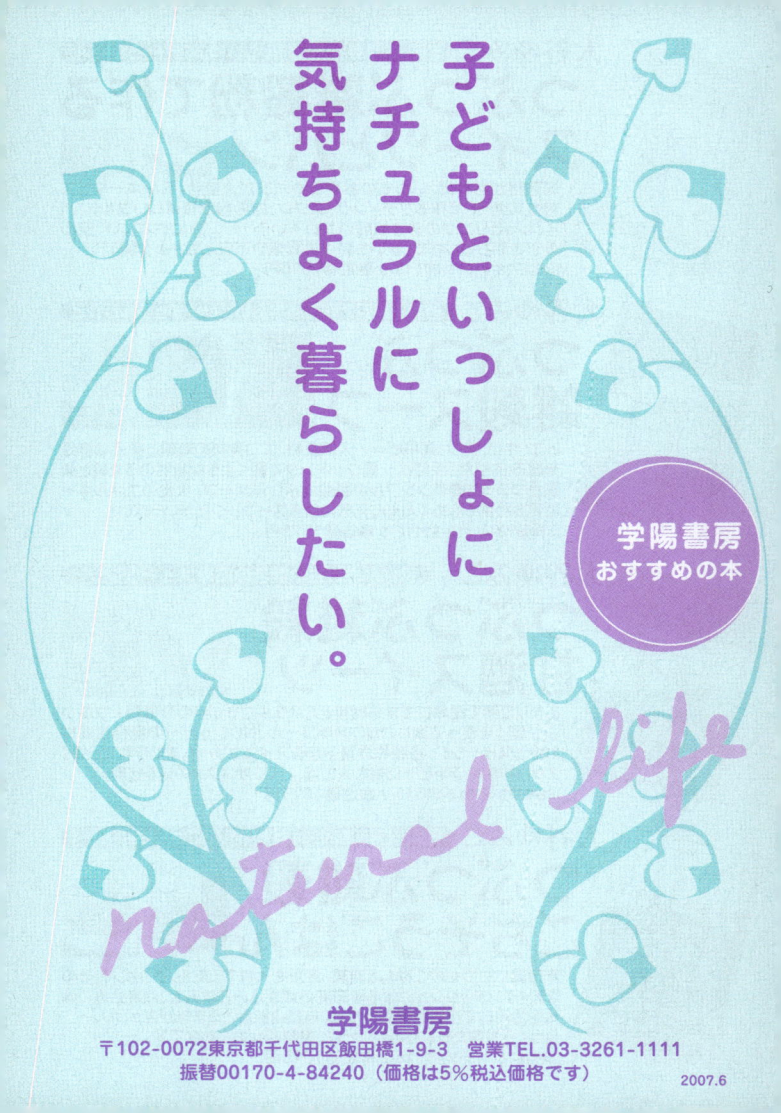

子どもといっしょに
ナチュラルに
気持ちよく暮らしたい。

学陽書房
おすすめの本

natural life

学陽書房
〒102-0072東京都千代田区飯田橋1-9-3　営業TEL.03-3261-1111
振替00170-4-84240（価格は5％税込価格です）

2007.6

トマト酵母のスコーン

オレガノの香りが食欲をそそる
常温まで冷ませばさらに豊かな味わいに

材料（6個分）
トマト酵母（実と液）…50〜75cc
（こねながら固さをみて調節する）
地粉…100ｇ
全粒粉…50ｇ
塩…小さじ1/4
菜種油…大さじ2
米飴（はちみつでもOK）…小さじ1
オレガノ（ドライ）…ひとつまみ
打ち粉用の地粉…適量

つくりかた

1　地粉、全粒粉、塩を入れたボウルに菜種油を入れ、
　　両手でこすり合わせるように混ぜる。
2　1に残りの材料をすべて入れ、軽くこねる（約5分）。
　　パン生地より少し固めにこねる。
　　水分がたりないようなら、トマト酵母液で調節する。
3　こねた生地を丸くまとめてボウルに戻し、
　　ラップをかけて1次発酵させる（約6〜12時間）。
4　生地が1.5倍以上にふくらんだら、ボウルから
　　取り出す。打ち粉をした台の上におき、
　　2cmの厚さの長方形にのばして、包丁で6等分にする。
5　4をオーブンの天板の上にのせ、固く絞った
　　ぬれ布巾をかぶせて、あたたかい場所で
　　2次発酵させる（約1時間）。
6　240℃以上に予熱したオーブンに入れて、
　　200〜210℃で約20分焼く。

＊トマト酵母は、酵母を仕込むときに、あらかじめトマトを
　1cm角に切っておくと、いろいろなレシピで使いやすく便利。
＊ベーキングパウダーを使用したものと異なり、
　常温まで冷ましてから食べた方が、よりおいしくなっておすすめ。

カラフル酵母白玉

天然の酵母の色
体にもやさしい3種の白玉

材料（4人分）

◎いちご酵母白玉
いちご酵母液…大さじ1〜2
いちご酵母の実…1〜2粒分
白玉粉…50g

◎にんじん酵母白玉
にんじん酵母（実と液）
…大さじ1＋1/2
白玉粉…50g
水…大さじ1＋1/2＋適量

◎豆乳いちご酵母ヨーグルト白玉
豆乳いちご酵母ヨーグルト(42ページ)
…大さじ3＋適量
白玉粉…50g
レモン汁…2〜3滴

つくりかた

1　◎いちご酵母白玉…ボウルに白玉粉といちご酵母の実を入れ、いちご酵母液を少しずつ加えながらこねて、耳たぶくらいの固さにする。
　◎にんじん酵母白玉…ボウルに白玉粉とにんじん酵母を入れ、水を少しずつ加えながらこねて、耳たぶくらいの固さにする。
　◎豆乳いちご酵母ヨーグルト白玉…ボウルに白玉粉とレモン汁を入れ、豆乳いちご酵母ヨーグルトを少しずつ加えながらこねて、耳たぶくらいの固さにする。
2　それぞれの生地を、直径2cmくらいに丸める。
3　沸騰した鍋に2を入れる。白玉が浮かんできてから2分ゆで、冷水にとって粗熱をとる。
4　3をバットに移し、常温まで冷ましたらできあがり。

＊にんじん酵母は、にんじんをよく洗ってから生のまま皮ごとすりおろし、ビンに7割ほど入れて、糖分と水を加えて育てる。冷蔵庫で3日以上、常温に出してから約1週間目頃からが使いどき。
＊白玉はよくこねると、口あたりがなめらかになる。

りんご酵母
ごまごまクッキー

発酵したクッキーはやわらかい食感
時間がたっても、うまみがいきている

材料（つくりやすい分量）
りんご酵母液…1/4カップ
白ごま（または黒ごま）ペースト
…大さじ2
はちみつ…大さじ1
てんさい糖…大さじ1
きなこ…大さじ1
ピーナッツ粉…大さじ1
全粒粉…25g
地粉…75g

つくりかた
1. ボウルにごまペースト、はちみつ、てんさい糖を入れ、すり混ぜる。
2. 1にきなこ、ピーナッツ粉を入れ、混ぜる。
3. 2に全粒粉、地粉を入れ、さらさらになるように手ですり合わせる。
4. 3にりんご酵母液を入れ、練らないようにさっくり混ぜる。ラップに包んでひとまとめにし、冷蔵庫で1〜2日間ゆっくり発酵させる。
5. 4の生地を3〜5mmの厚さにのばし、好きな形にカットするか、型で抜く。
6. 180℃に予熱したオーブンで20分程度焼く。

桃の生ジャム

素材よりさらにあまさを増し
整腸作用も期待できる「生きた」ジャム

材料（つくりやすい分量）
桃…2個
レモン汁…1/3個分

つくりかた
1　桃は皮をむき、1cmの角切りにして、
　　搾ったレモン汁をすばやくかける。
2　煮沸した500mlのビンに入れ、冷蔵庫に3日間入れる。
3　常温に出してから2日目頃が食べごろ。
　　桃の形が残る程度に軽くすりつぶすとよい。
＊ミキサーやフードプロセッサーにかけると、
　水っぽくなりやすいので注意。
＊保存する場合は、ビンに入れたまま冷蔵庫に入れ、
　2～3日程度で食べきる。

フルーツ酵母のいろいろシャーベット

ぶどう酵母、桃酵母、梨酵母×ゴーヤ
シュワッと清涼感、後味にうまみあり

材料（2〜3人分）
ぶどう酵母（皮と実）…1カップ
桃酵母（皮と芯を取った角切りの実）…1カップ
梨酵母液…1カップ
ゴーヤ…1/2本

つくりかた
1　ぶどう酵母は皮と実を一緒にミキサーにかけ、目の細かいザルなどでよく漉して、皮や種を取りのぞく。
2　桃酵母もミキサーにかける。
3　ゴーヤはタテ半分に切り、種をのぞいてうす切りにして、熱湯でさっとゆがく。梨酵母とゴーヤを一緒にミキサーにかけて、ザルなどでよく漉す。
4　それぞれをフタつきのバットに流し入れ、冷凍庫でひと晩冷やし固める。
5　凍ったら、フォークでみぞれ状にけずり、盛りつける。

＊ぶどう酵母液は、皮ごと水なしで育てたものを使う。
＊桃酵母は、皮と芯を取って角切りし、水なしで育てたものを使う。
＊梨酵母は、皮と芯を取りのぞき、大きめに角切りしたものをビンに詰め、水ありで育てたものを使う（梨1個に対して900mlくらいのビンが目安）。冷蔵庫で3日間、常温に出してから2〜3日目頃のブツブツ小さな泡が立ち始めたものがスイーツとして使いどき。

OTONA Sweets

体が、あまみをほしがっている。
そんなときは、ガマンするのではなく
素直にとったほうがよいとおもいます。
お砂糖ではない、はちみつでも、もちろん甘味料でもない
あたらしいあまみを発見しました。
酵母スイーツに出会いましょう。
あまいものに吸い寄せられる女性（もちろん多くの男性も）
たちのように、旬のあまいくだものや野菜にはたくさんの
野生の菌がくっついています。
それを素材ごとビンに詰めるだけ。
野生の植物性乳酸菌と酵母がはたらいて……。
爽快感、やわらかな刺激、充足感。変化するデリケートな
あまみのすべてが感覚の細部に触れ、花ひらいていく。
このビンの中で、いったい何がおこっているんだろう。
この透明な、あわい世界。
朝起きたら、家に帰ってきたら、どんなようすかなあ、と気になって。
泡、香り、舌ざわり、のどごし、音。
デリケートな菌たちのうごきを感じながら、そっと口に含む。
ちがう色の菌たちとミックスしてみる。素材と煮る。蒸す。固める。
ソースにする。それだけで、自分だけのスイーツ。
おなじものは、ふたつできません。
菌と遊んでいたら、想像を超えて、おいしいものができちゃった。
だれかに、食べてもらいたい。
シュワシュワ、しっとり、ふわふわと生地もふくらませる。
卵やバター、お砂糖がいらなくなりました。
酵母スイーツは体にやさしく染み込む、あまみエネルギー。

里芋のチップス ぶどう酵母ソース

今だ！ あまい時をみのがすな
シンプルがすごい、酵母スイーツ

材料（2〜3人分）
ぶどう酵母（実と液）…1カップ
里芋…大3個
菜種油…大さじ4
塩…少々

つくりかた
1　ぶどう酵母は実と液を一緒にミキサーにかけ、目の細かいザルなどでよく漉して、
　　皮や種を取りのぞき、ぶどう酵母ソースをつくる。
2　里芋は皮をむき、うすく輪切りにして、キッチンペーパーなどで水気をふきとっておく。
3　フライパンに菜種油をひき、中火で里芋がきつね色になるまで揚げ焼きにする。
4　3の里芋チップスに塩少々をふり、1のぶどう酵母ソースをつけていただく。
＊ぶどう酵母は、冷蔵庫で3日〜1週間、常温に出してから3〜4日目頃のものを使う。

いちじくのぶどう酵母コンポート

加熱して香りたつあまみとうまみ
贅沢な酵母ソースをからめて

材料（4個分）
ぶどう酵母液…2カップ
いちじく（生）…4個
シナモンスティック…1本

つくりかた
1　いちじくを皮つきのまま半分に切る。
2　ぶどう酵母液を鍋に入れて沸騰させ、1のいちじくと
　　シナモンスティックを入れる。煮汁を全体にかけながら、4〜5分煮る。
＊ぶどう酵母液は、皮ごと水なしで育てたものをミキサーにかけ、
　目の細かいザルなどでよく漉して、皮や種を取りのぞく。冷蔵庫から常温に出して
　3〜4日目頃のあまい液を使う。または、半年から1年ねかせたワイン風の
　ぶどう酵母液を使うと味に深みがでるが、その場合は、お好みであまみを加える。
＊好みでしょうが酵母液を小さじ1加えるとスパイシーな味に。

梨酵母の花豆煮

かくれていた花豆のあまみ発見
梨酵母が引き出してくれます

材料（3〜4人分）
梨酵母液…1カップ
花豆（ゆでたもの）…15粒
梨（生）…1個
塩…ひとつまみ

つくりかた
1　花豆はひと晩水につけ、たっぷりの水でやわらかくなるまで
　　ゆでる。途中で水が少なくなったら、差し水をする。
2　ゆであがった1の花豆に、梨酵母液と塩を加えて、
　　汁気がなくなるまでコトコト煮含める。
3　生の梨を2cm角のサイコロ型に切り、
　　冷めた2の花豆を上にのせて、一緒にいただく。

ぶどう酵母とトマト酵母のコロッケ

粒ごと発酵させた実のあまさを
サックリとした衣でとじこめる

材料（3人分）
ぶどう酵母の実（巨峰）…6粒
ミニトマト酵母の実…6個
小麦粉…適量
豆乳…適量
パン粉…適量
オリーブオイル…適量

つくりかた
1 　ミニトマト酵母の実は、熱湯にくぐらせて、湯むきする。ぶどう酵母の実も皮をむく。
2 　小麦粉と豆乳をよくまぜ、少し固めの衣をつくる。1のミニトマトとぶどうにしっかり衣をつける。
3 　2にパン粉をまぶしつけ、形をととのえる。
4 　小さめの鍋にオリーブオイルを入れ、160℃程度の低温でころがしながら、
　　3のミニトマトとぶどうを揚げ焼きにする。淡いきつね色になったらできあがり。

＊ミニトマト酵母の実は、小さめのビンを煮沸し、さっと洗ったミニトマトのヘタを取って、
　水なしで丸のままをビンに詰めてつくる。冷蔵庫で3日間、常温に出してから2〜3日程度おく。
　皮がやわらかくなって、エキスがしみ出てくれば使いどき。
＊ぶどう酵母の実のつくりかたは、63ページと同じ。
＊この酵母コロッケは、時間がたつと水分が出てくるので、揚げたてを食べるのがおすすめ。

シュワシュワぶどう餅

あまさのピークに達したシュワッと発酵したぶどうを
丸ごと道明寺で包み込む

材料（6個分）
ぶどう酵母液（漉したもの）…115cc
ぶどう酵母の実（巨峰など）…6粒
道明寺粉…100g

つくりかた
1　ぶどう酵母液を鍋に入れ、ぬるま湯程度にあたためておく。
2　ボウルに1のぶどう酵母液とさっと水洗いをして水気をきった道明寺粉を入れ、混ぜる。ボウルにラップをかけて、道明寺粉に液を吸わせる。
3　蒸気のあがった蒸し器にぬれ布巾を広げ、2を平らにしてのせる。強火で20分程度蒸す。
4　3をぬれ布巾に取って冷まし、ラップをかけて10分蒸らす。
5　手に水をつけて4を6つに分けて丸く平らにのばし、ぶどう酵母の実を包んで形をととのえる。

＊ぶどう酵母液は、水を入れずに少しつぶしてビンに入れ、冷蔵庫から常温に出して
　3〜4日目頃のものを皮ごとミキシングし、漉したものを使用する。
＊ぶどう酵母の実は、ぶどうをつぶさずに皮のままビンに入れ、冷蔵庫から常温に出して
　3〜4日目頃のものを、皮をむいて使用する。

植物性のレアチーズ、簡単につくれました。

レモン酵母の豆腐レアチーズ

材料(2人分)
レモン酵母液…大さじ5
りんご酵母液…1/4カップ
絹ごし豆腐…100g
メープルシロップ…小さじ1
粉寒天…小さじ1/2

つくりかた
1 豆腐を水きりしておく。
2 1の豆腐、レモン酵母液、メープルシロップを
 フードプロセッサーに入れ、なめらかにする。
3 りんご酵母液と粉寒天を鍋にかけて、混ぜながら沸騰させる。
4 2に3を入れて混ぜ合わせ、型に流して
 冷蔵庫に約3日間入れ、冷やし固める。
＊りんご酵母液のかわりにりんごジュースを入れてもよい。

かぶと豆腐の酵母チーズケーキ

チーズの発酵原理を生かした
うまみとコクを堪能

材料（16cm丸型1台分）
好みの柑橘酵母液…1/2カップ
かぶ（りんご酵母液で煮たもの）…100ｇ
豆腐クリーム（47ページ）…40ｇ
木綿豆腐（水切りしたもの）…270ｇ
アーモンドパウダー…50ｇ
メープルシロップ…大さじ4
レモン汁…大さじ1
菜種油…大さじ2
粉寒天…小さじ1
全粒粉…20ｇ
薄力粉…50ｇ

つくりかた
1　水気をきったかぶ、豆腐クリーム、豆腐、アーモンドパウダー、
　　メープルシロップをフードプロセッサーでよくミキシングする。
2　柑橘酵母液、レモン汁、菜種油、粉寒天を泡立て器でよく混ぜ、
　　1に加えてさらに混ぜる。
3　全粒粉と薄力粉を一緒にふるったものを2に入れ、よく混ぜる。
4　型に流し入れ、190℃で20分、180℃で20〜30分程度焼く。
＊かぶを入れない場合は、豆腐を330ｇ、アーモンドパウダーを70ｇにしてつくってもおいしい。

◎下にフィリングを敷く場合（16cmパイ皿1台分）

材料
りんご酵母液…大さじ3
全粒粉…50ｇ
薄力粉…160ｇ
菜種油（オリーブオイルでもOK）
…大さじ4
メープルシロップ…大さじ1
塩…少々
カルダモン…少々

つくりかた
1　菜種油、メープルシロップ、りんご酵母液を泡立て器で混ぜる。
2　粉類に塩ときざんだカルダモンを混ぜ、1を加えながら
　　こねずにまとめる。
3　冷蔵庫で2〜3日ねかせる。
4　厚さ5mm程度にのばし、パイ皿にのせ、皿からはみ出した
　　余分な生地をカットする。
5　フォークで穴をあけ、180℃で10分下焼きしておく。
6　5に上記のチーズケーキの生地を入れ、190℃で20分、
　　180℃で20〜30分程度焼く。

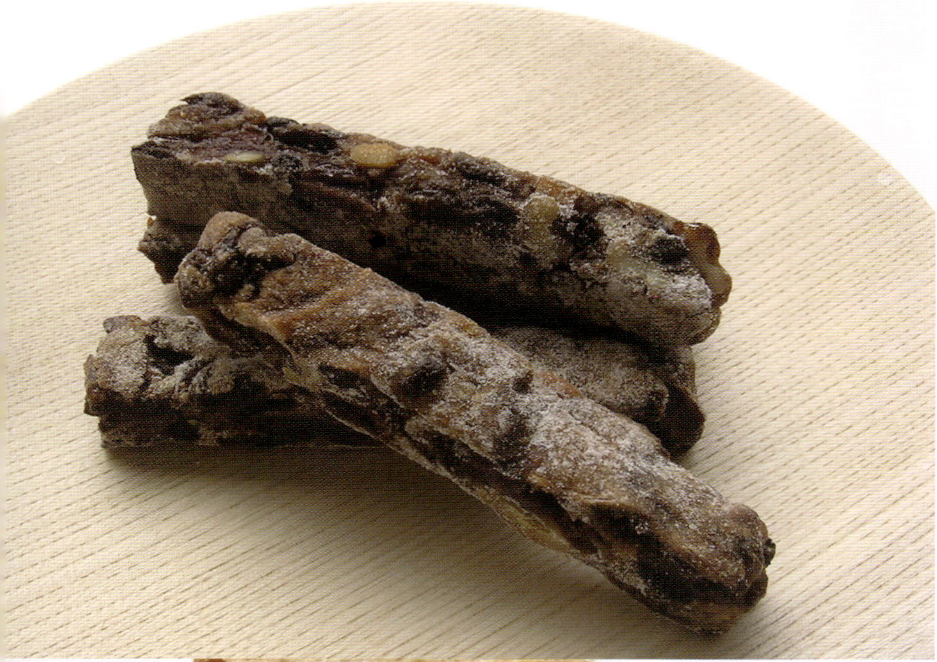

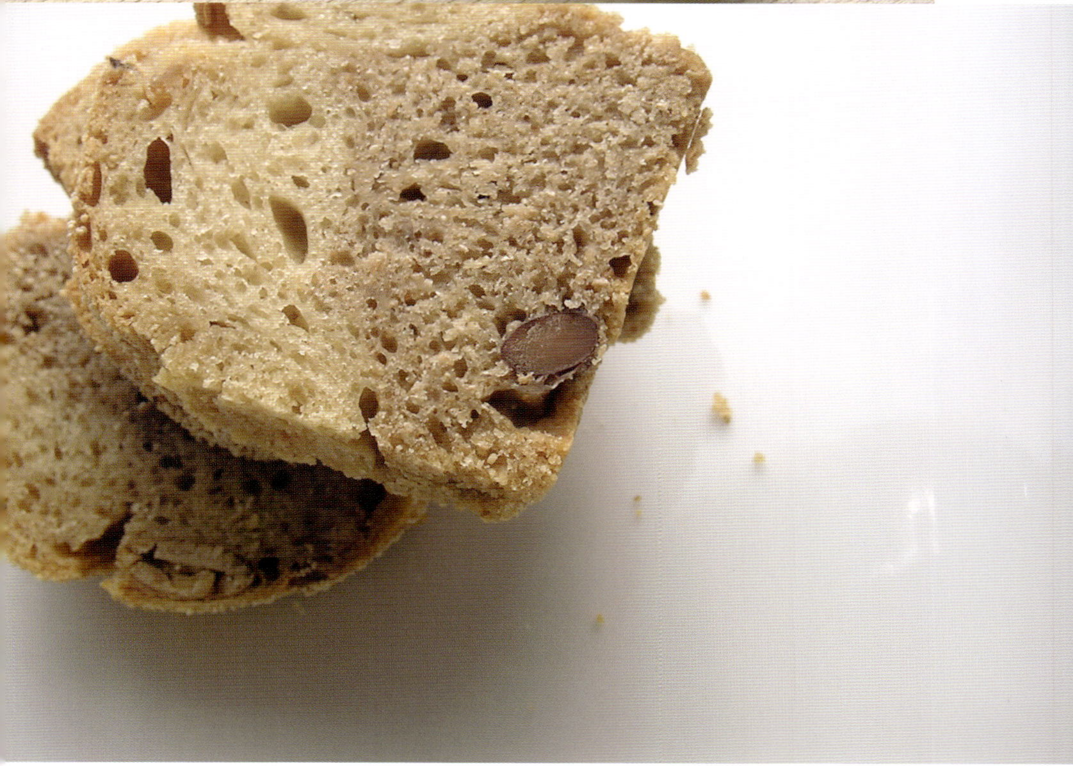

りんご酵母ナッツ&ベリーバー

フルーツの多種なあまみをりんご酵母の風味がつなぐ

材料（24個分）
りんご酵母液…130cc
強力粉…110g
全粒粉…40g
ライ麦粉…20g
塩…ひとつまみ
プルーン…50g
レーズン…50g
ドライチェリー…40g
ブルーベリー…50g
クランベリー…50g
ひまわりの種…15g
くるみ…25g
松の実…15g

つくりかた
1 ひまわりの種、くるみ、松の実はローストしておく。
  レーズンはりんご酵母液につけてやわらかくし、
  プルーンは細かくきざんでおく。
2 粉類、塩、1のレーズンをつけたりんご酵母液を
  ボウルに入れて混ぜる。
3 まとまってきたら、ドライフルーツとナッツ類を加えて混ぜる。
4 3を1次発酵させる（常温で4〜8時間程度）。
5 全粒粉（分量外）をまぶして4を厚さ2cmくらいにのばし、
  スティック状にカットする。
6 5を2次発酵させる（常温で30分〜1時間程度）。
7 200℃に予熱したオーブンで10分、さらに180℃で10分焼く。

＊ドライフルーツは、好みのものを好みの分量で入れるとよい。

2色豆パウンドケーキ

黒豆と白花豆の低温発酵が自然なあまみ、
うまみとふわふわ感を生んだ

材料（19×6×H6cmパウンド型1台分）
黒豆酵母液…70〜90cc
黒豆酵母の豆…30g
白花豆酵母液…70〜90cc
白花豆酵母の豆…50g
全粒粉…140g（70gずつに分けておく）
薄力粉…140g（70gずつに分けておく）
豆乳…110cc
米飴…60g
菜種油…50g
けしの実…15g

つくりかた
1 豆乳、米飴、菜種油を泡立て器で混ぜ、
  半分ずつに分けておく。
2 1の半量と黒豆酵母液、黒豆酵母の豆を混ぜる。
3 2に全粒粉と薄力粉のそれぞれ半量を木べらで混ぜる。
4 3を密閉できる容器に入れて、冷蔵庫で1次発酵させる
  （2〜4日間程度：発酵日数が多いほどフワフワになる）。
  白花豆酵母も2、3、4と同様にする。
5 パウンド型にオーブンシートを敷き、
  下に黒豆酵母の生地、上に白花豆酵母の生地を入れる。
6 5を2次発酵（常温で1〜2時間程度）させ、
  上にけしの実を散らす。
7 180℃に予熱したオーブンで40分程度焼く。

＊豆酵母は、豆を水煮し、その煮汁とてんさい糖などの糖分を少量加えて育てる。
＊豆酵母は、とろみがでるので、黒豆酵母液、白花豆酵母液とも、はじめは少なめに入れて、固さをみながら調節する。

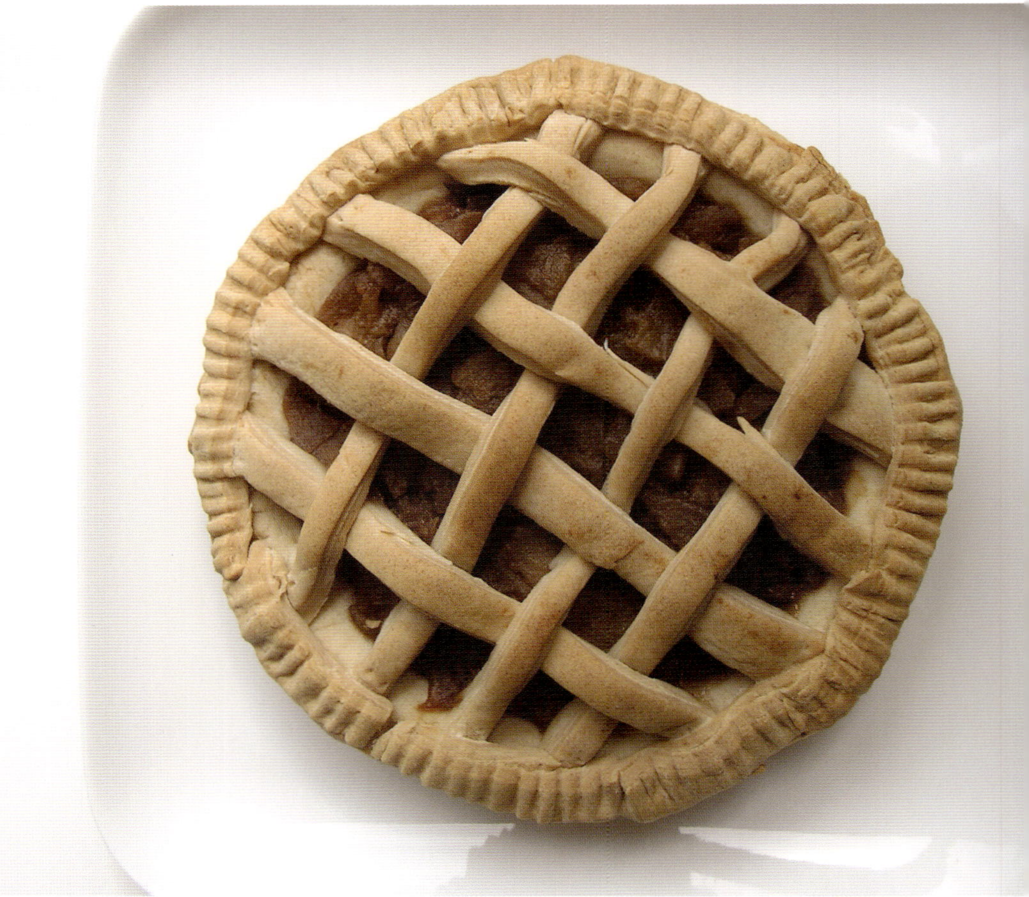

アップル酵母パイ

りんご酵母のうまみが生地に織り込まれる
発酵した実も大切に

材料（16cmパイ皿1台分）

◎パイ生地
- りんご酵母液…110〜130cc
  （こねながら固さをみて調節する）
- 全粒粉…50g
- 薄力粉…230g
- 塩…小さじ1/2
- 菜種油…大さじ6〜7

◎プリザーブ
- りんご酵母の実…340g
- りんご…100g
- レモン汁…大さじ1
- 米飴…大さじ1
- メープルシロップ…大さじ2
- シナモンパウダー…少々

つくりかた

1. 全粒粉、薄力粉、塩を合わせてふるい、菜種油とりんご酵母液を入れ、手のひらですり合わせるようにしながら、そぼろ状にする。
2. 練らないようにひとつにまとめて、ラップに包み、冷蔵庫で発酵させる（1〜3日間程度）。
3. プリザーブをつくる。りんご酵母の実とりんごはイチョウ切りにし、シナモンパウダー以外の材料すべてを鍋に入れ、水分がなくなるまで弱火で煮詰める。
4. 3に好みの量のシナモンパウダーを入れ、冷やしておく。
5. 発酵した2の生地を長方形にのばし、三つ折にする。これを2〜3回繰り返す。
6. 5の生地をうすくのばし、パイ皿より少し大きめのものと、2cm幅のテープ状のものを10本つくる。
7. 型に6のパイ生地をピッタリと敷き、パイ皿からはみ出した余分な生地をカットする。
8. 底全体にフォークで穴をあけ、180℃に予熱したオーブンで7分下焼きする。
9. 4のプリザーブを8に詰め、さらに6のテープ状の生地8本を組んで端をはりつける。周囲にも残り2本のテープ状の生地をのせ、フォークで全体を押さえてつける。
10. 210℃に余熱したオーブンで40分程度焼く。

いちご酵母大福

モチモチの皮はうっすら、いちご酵母色
酵母餡で、さらにやさしいあまみに

材料（12個分）
いちご酵母液…230cc
いちご…12粒
酵母餡*（好みの餡でもよい）…300g
白玉粉…200g
塩…少々
甘酒…大さじ1＋1/2
水（調整用）…少々
片栗粉…適量

つくりかた
1　いちごは洗ってヘタを取り、キッチンペーパーで水気をふきとって乾かしておく。
2　酵母餡を12等分して、1のいちごを包み、丸める。
3　白玉粉に塩、いちご酵母液、甘酒を少しずつ加えて混ぜる。
4　蒸し器に固く絞った布巾を敷き、3の生地を流し入れて、強火で15分蒸す。
5　4を鍋に入れ、水でやわらかさを調整しながら弱火で練る。
6　片栗粉をまぶしたバットに5を入れ、12等分する。
7　6をのばしながら2の酵母餡といちごを包み、片栗粉をまぶす。

✳ 酵母餡

材料（つくりやすい分量：できあがりの量＝約600g）
りんご酵母液…140cc
りんご酵母の実…100g
豆の水煮（小豆・白花豆・大福豆など好みのもの）…530g
てんさい糖…40〜60g（好みで調整する）
塩…小さじ1/2

つくりかた
1　鍋にすべての材料を入れる。
2　混ぜながら、弱火で水分がなくなるまで煮る。

かぼちゃのお汁粉

かぼちゃ、りんご酵母、ナッツ……
体がほっこりあたたまる一杯

材料（2〜3人分）
りんご酵母液
…1/4カップ＋3/4カップ
＋1/4カップ
かぼちゃ…100g（正味）
カシューナッツ…50g
白玉粉…50g
塩…少々
ゆで小豆…30g

つくりかた
1 　かぼちゃは皮をむき、種とわたを取りのぞいて、小さめの乱切りにする。
2 　1のかぼちゃを蒸し器に入れて、やわらかくなるまで蒸す。
　　マッシャーでつぶすか、フードプロセッサーでなめらかにする。
3 　ローストして砕いたカシューナッツとりんご酵母液1/4カップを
　　フードプロセッサーに入れ、ペースト状にする。
4 　2と3、りんご酵母液3/4カップ、塩を鍋に入れ、煮立たせる。
5 　白玉粉にりんご酵母液1/4カップを少しずつ加え、耳たぶくらいの固さになるまで
　　練る。丸めて熱湯の中に入れ、浮き上がってきたら冷水にとる。
6 　器に4を盛り、5の白玉団子とゆで小豆をトッピングする。

＊りんご酵母液は、冷蔵庫から常温に出して3〜4日目頃のあまいものを使う。
＊ゆで小豆は、市販のゆで小豆（無糖）をそのまま使ってもよいが、
　生のあずきを水とりんご酵母液を加えて煮ると、さらにおいしくなる。

かぶの蒸しもの 柿酵母ソース

柿酵母の凝縮されたあまみをとろり
かぶがまるごとスイーツになりました

材料（2〜3人分）
柿酵母（実と液）…2カップ
かぶ…3株
塩…少々

つくりかた
1　かぶは茎の部分を少し残して切り、よく洗う。皮のままタテに4つに切っておく。
2　1のかぶを蒸し器で8〜10分蒸す。
3　かぶを蒸している間に柿酵母ソースをつくる。柿酵母の実と液をミキサーに
　　かけたあと、目の細かいザルなどで漉す。塩少々を加えて味を引きしめる。
4　蒸し上げたかぶの上から、柿酵母ソースをかける。

柿酵母のゆばミルフィーユ

サクサク、ねっとり、まろやか
ゆば、柿酵母、豆腐クリーム。あまみの三重奏を楽しもう

材料（2人分）
柿酵母の実…1カップ
豆腐クリーム（47ページ）…1/2丁分
生ゆば…2枚重ねの5cm角×8枚
オリーブオイル…適量

つくりかた
1　柿酵母の実は5mm角に切っておく。
2　生ゆばを2枚重ねにして、5cm角に切りそろえ、全部で8枚つくる。
3　オーブンを180℃にあたためておく。
　　オーブンシートを敷いた天板の上にゆばを広げてのせる。
　　様子を見ながら、カリカリになるまで10～15分焼く。
4　ゆばで豆腐クリーム、柿酵母をはさんで重ねる。

空豆のムース

ほっこりと炊いた空豆を
塩味とりんご酵母の豆腐クリームでまとめる

材料（直径6cmの丸型セルクル3個分）
豆腐クリーム（47ページ）…1/2丁分
空豆…20粒
塩…少々

つくりかた

1　空豆は、塩を加えた熱湯で5〜6分ゆで、皮をむく。
　　3粒は飾り用に取り分けておく。
2　ゆでた1の空豆をフードプロセッサーなどでなめらかにする。
　　豆腐クリームを加えて、さらに混ぜる。
　　味をみて、塩気がたりなければ、少々加える。
3　2をセルクルに詰め、静かに抜く。上に空豆を飾る。

パプリカ 2色のディップソース

いろいろな素材とディップが出会い
パプリカの秘めたあまみを発見

材料(つくりやすい分量)
◎オレンジ色のディップソース
　　トマト酵母液…90cc
　　トマト酵母の実…1〜2個
　　パプリカ(オレンジ)…大1個
　　アーモンド…20粒
　　にんにく…1片
　　塩…適宜
　　オリーブオイル…大さじ1
◎黄色のディップソース
　　トマト酵母液…90cc
　　トマト酵母の実…1〜2個
　　パプリカ(黄)…大1個
　　カシューナッツ…15粒
　　塩…適宜
　　オリーブオイル…大さじ1

つくりかた
1　パプリカは、直火で皮が黒くなるまで焼き、皮をむく。
　　にんにくは軽くローストし、細かくきざむ。
　　アーモンド、カシューナッツもローストし、
　　細かくきざんでおく。
2　それぞれオリーブオイル以外の材料を合わせ、
　　フードプロセッサーでなめらかにする。
3　最後にオリーブオイルを少しずつ加え、さらに混ぜる。

＊トマト酵母は、発酵のピークが過ぎ、酸味がでてきたものを
　ビネガーのかわりに使う。
　トマト酵母の実が古くなっている場合は、入れなくてもOK。
　または、フレッシュなトマトを加えてもよい。
＊パプリカは、直火で焼くかわりにアルミホイルに包んで、
　オーブンで焼いてもよい(180℃で35〜40分程度)。
＊フリッターや白身魚など、料理に幅広く使えるおすすめの
　ディップソース。

ミニトマトの酵母コンポート
ハーブ風味

酵母液が果肉に浸透して
ミニトマトのあまいエキスがジュワッと広がる

材料（8個分）
りんご酵母液…1カップ
ハーブ酵母液…大さじ3
ミニトマト…8個

つくりかた
1　ミニトマトを湯むきする。
2　りんご酵母液とハーブ酵母液を鍋に入れ、煮立たせる。
3　2の鍋に1のミニトマトを入れて、液をスプーンでかけながら4〜5分程度煮る。
4　粗熱がとれるまで液にひたしておく。
5　容器に4を液ごと入れる。ひと晩冷やしてからいただくとおいしい。
＊りんご酵母液は、冷蔵庫から常温に出して3〜4日目頃のあまいものを使う。
＊ハーブ酵母は、ローズマリーやミントなどの葉をビンに七分目ほど入れて作る。
　育て方は、りんご酵母と同じ（34、35ページ）。

ミニトマト酵母とりんご酵母の
フルーツガスパチョ

りんごが引き出すトマトのあまみ
ガスパチョを超えたフルーツスープ

材料（2人分）
ミニトマト酵母の実…8個
りんご酵母液…1/2カップ
ぶどう…4粒（中～大粒）
ブルーベリー…6粒
ラズベリー…6粒

つくりかた
1　ミニトマト酵母の実は、2個を浮き実として取り分けておく。
　　残りの6個とりんご酵母液を一緒にミキサーにかけ、
　　スープ状にして、目の細かいザルや布巾などで漉す。
2　ぶどうは皮をむき、ブルーベリー、ラズベリーはさっと洗う。
3　2と取り分けておいたミニトマト酵母の実を半分に切って
　　1のスープに浮かべ、冷蔵庫で冷やしてからいただく。
＊ミニトマト酵母の実は、水ありで育てたものを使う。

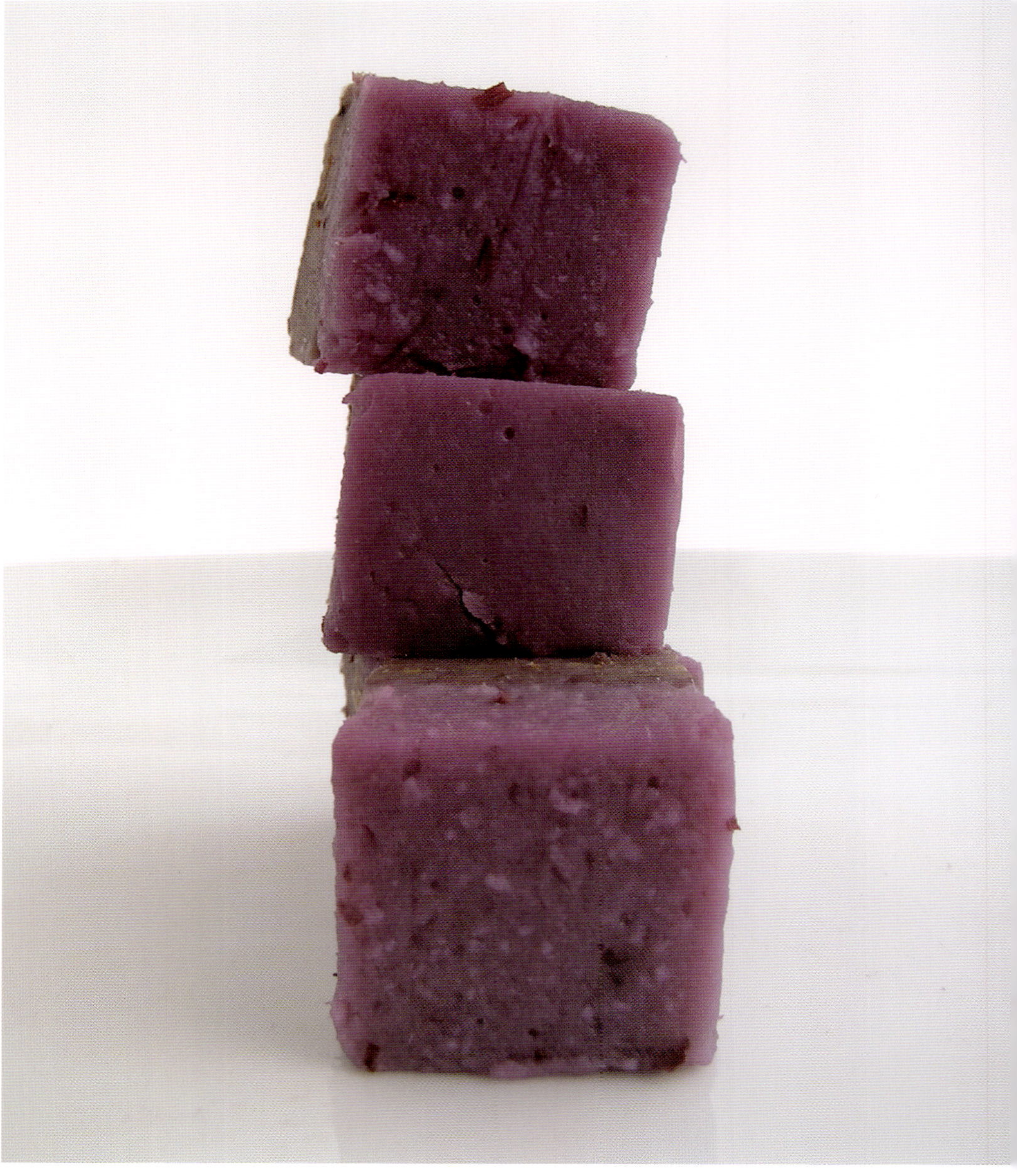

酵母サングリア

いろんな素材を一緒に発酵させて
菌のあまみを丸ごといただく

材料(つくりやすい分量)
ぶどう酵母液…1/2ビン
りんご酵母液…1/4ビン
柑橘酵母液…1/4ビン
シナモンスティック…1本
クローブ(丁子)…4〜5粒

つくりかた
1　それぞれに発酵させた酵母液とシナモンスティック、クローブをひとつのビンに入れて混ぜる。
2　1を冷蔵庫でひと晩以上ねかす。

＊3日以上冷蔵庫でねかせると、どんどん味が変わり、さらにおいしくなる。
＊ベリー系や梅など、好みのくだものを入れ、オリジナルのブレンドを楽しんで。
＊ビンの大きさに合わせ、好みの分量でつくるとよい。

酵母グラニータ

シャーベットとジュレの
グラデーションを五感でたのしむ

材料(約70mlのミニグラス2杯分)
酵母サングリア…大さじ3
かりん酵母液(または好みの柑橘酵母液)…大さじ3
粉寒天…小さじ1/4

つくりかた
1　金属製の平らなバットに酵母サングリアを流し、冷凍庫に10〜20分程度入れて薄氷をつくる。カチカチに凍りすぎないように、こまめにチェックし、シャーベット状にして取り出す。
2　1を凍らせている間に、小鍋にかりん酵母液を入れて火にかけ、粉寒天を加えて完全に煮溶かす。
3　1のシャーベットをスプーンですくい取り、グラスに入れておく。
4　氷を入れたバットの上で2の鍋を冷ます。その間、常にマドラーでかき混ぜ続け、もったりしてきたら手を止めて、3の上にかけていただく。

柑橘酵母のソルティーカクテル

お好きな酵母液でブレンド可能
塩味がキリリとあまみを引き立てる

材料（グラス1杯分）
好みの柑橘酵母液…1/2カップ
レモン酵母液…大さじ2
ウオッカ…大さじ2
塩…適宜

つくりかた
1　グラスのふちをスノースタイルにする。レモン酵母液（分量外）をグラスのふちに
　　うすく塗り、平皿に敷いた塩の上にグラスをふせて、塩を回しつける。
2　グラスに氷を入れて、柑橘酵母液、レモン酵母液、ウオッカの順にそそぎ入れ、
　　マドラーで軽く混ぜる。
＊そのときの感覚で好みの味をつくり出すのがカクテルの醍醐味。スピリッツをジンに変えたり、
　　梅酒を使ったり、ミント酵母を混ぜたりと、さまざまなアレンジを楽しんで。

Thanks.

酵母スイーツレシピ制作者

  原田めぐみ p64 p65 p66-p67 p68-69 p70
  大木美智子 p42 p52 p53 p54（スタイリング ますみえりこ）
  谷川まり p78-79
  菅原真代 p55
  北原まどか p80-81 p82
  ウエダ家 p43 p44 p45 p46 p47 p50 p51 p56 p57 p60 p61
        p62 p63 p71 p72 p73 p74 p75 p76 p77 p84

取材・ご協力ありがとうございました。

- 戸田りつ子
  お産で女性は飛躍する、と感じている
  バース・エデュケーター（日本人でただ一人）。
  イギリスで資格を取得し、独自のマタニティクラスを日本で展開。

- 木下宝
  ガラス工芸家

- 水野農園
  〒399-3304 長野県下伊那郡松川町大島1142
  TEL・FAX.0265-36-3448

- BankART 1929

Staff

  著作、料理、デザイン、写真、文
  ウエダ家（ナツオ、ミチコ、ユウ、ヨシミ、アミソラ）

  文
  北原まどか

乳COBO88

-20℃の環境下で生きていた。

爆発的な発酵力。最高級のあまみ、うまみ。
特別栽培米から仕込んだ驚きの乳COBO88。
自然の摂理、菌のはたらき、いのちのリレー……。
野生酵母を観察しつづけ、植物性乳酸菌と酵母が共生する
最高の瞬間を察知する。
ウエダ家独自の生育法から生まれた究極の米酵母「乳COBO88」。
素材は無農薬のササニシキと野生麹、そして水だけ。
培養3日後の乳COBO88には、1ml中に約1億個の酵母が棲んでいます。
りんご酵母や梨酵母の約100倍です。

乳COBO88はそのまま飲むことができます。懐かしくも新しい味が
口の中に広がります。おいしいスイーツドリンクとなり、
体にとってもやさしい飲みものです。
酵母ネット展では、レギュラーといわず登場します。
奥深い、すっきりとした自然なあまみは、多くのファンを魅了しています。
また、乳COBO88なら、砂糖やバター、乳製品をいっさい使わなくても、
とてもあまくてふんわり、しかもしっとりとした酵母パンができます。
1次発酵がわずか2～3時間。酵母パンなのに軽く、やわらかな食感。
一般には販売していませんが、酵母ネット展のイベントでは
橋口太郎さんが焼く乳COBO88パンを口にするのを楽しみに
参加される方もいます。

お問い合わせは、yumemado@cobo-net.com
ウエダ家まで。

cobo®

酵母ネット

www.cobo-net.com

展

カフェスロー@府中。
ティアラ江東@住吉。
BankART1929@横浜……。

文化を発信するエリアを探して
ウエダ家は、酵母ネット展を
ひらいています。
母と子の食事、個人の
クリエイティビティなど
集まる人によりテーマを
変化させながらつねに、
今わたしたちがおかれている
食環境に対して
ラディカルな提案をしています。
酵母という、食の連鎖の
根源的な存在を通して。
年齢、職種、さまざまな
ジャンルを超えて集まる人たちが
酵母を通じたクリエイティブを
もちより、ウエダ家のデザインによる
有機的な空間のなかで発表、
交換をします。
そして「酵母ネット展」で起きた
特別なことが、
その日だけのものでないように……。
野生の菌と暮らすというアイデアが
参加したメンバーが帰ったあとも、
それぞれの日常におろされ
新たなアイデアをうみながら、
根づいていくことを願っています。

PLAY
COBO
PARTY

ウエダ家：植田夏雄、植田遊、植田道子、植田好の家族で構成されている。
プロデューサー、アートディレクター。COBO NET主宰。
菌と共に生きる生活から、純粋な自然とのつながりを発見し、
日々の暮らしに様々な恩恵を受けて生きる豊かさを提唱し、普及活動をしている。
とくに日本人の食卓を再び創造的で魅力あるものにしていくためのシステムづくり、
具体的なヴィジョンを立て、食環境からライフスタイルまで独自のデザインを提案。
http://www.cobo-net.com　yumemado@cobo-net.com

◎著作『旬の酵母でつくるパンBook』（自然食通信社）、
『酵母食レシピ』（北斗出版）、『酵母ごはん』『新しいごはん』（ともに学陽書房）
◎ビンの中に旬の素材をエサにして植物性乳酸菌、酵母、酢酸菌を育て、
変わっていく味を活かして、新しい料理「酵母食」をつくるシステムをただいま特許申請中。

原田めぐみ：フードクリエイター。ウエダ家との出会いを通じ、
酵母生活を始める。nizoというユニット名で、夫とオートマタ制作も手掛ける。
夢は、酵母スイーツをサーブするオートマタカフェを開くこと。
そのため、日々レシピを研究中。趣味はビオラ。好きな作曲家はバッハ。
山口県在住。ブログ　http://vlameg.jugem.jp/

北原まどか：エディター・ライター。
タウン紙記者、エコ住宅誌・生活誌の編集を経て、現在は食を中心に各種媒体で執筆中。
フリーになってすぐ、自宅から原付で15分の距離に住むウエダ家と運命的な出会いを果たし、
以来、COBO生活にどっぷりはまる。故郷の山形を想いつつ、
都会の団地暮らしのなかで自然とつながる食生活を模索中。

酵母スイーツ

2007年10月10日　初版印刷
2007年10月17日　初版発行

著　者　　ウエダ家＋原田めぐみ
発行者　　光行淳子
発行所　　株式会社 学陽書房
　　　　　東京都千代田区飯田橋1-9-3　〒102-0072
　　　　　営業部　TEL.03-3261-1111　FAX.03-5211-3300
　　　　　編集部　TEL.03-3261-1112　FAX.03-5211-3301
　　　　　振　替　00170-4-84240
印　刷　　文唱堂印刷
製　本　　東京美術紙工

Ⓒ Ueda Natsuo Shigotoba 2007, Printed in Japan
ISBN978-4-313-87123-6　C2077

乱丁・落丁本は、送料小社負担にてお取り替えいたします。
定価はカバーに表示してあります。

本書の無断転載を禁じます。